PINHOK™
LANGUAGES

www.pinhok.com

Introducción

Acerca de este libro

Este libro contiene un vocabulario con las 2000 palabras y frases más comunes ordenadas por frecuencia de uso en la conversación diaria. Este libro de vocabulario sigue la regla 80/20, de manera que aprenderá primero las estructuras y palabras más importantes que le ayudarán a progresar con rapidez y mantener la motivación.

¿Quién debería comprar este libro?

Este libro está dirigido a estudiantes de gallego de nivel principiante e intermedio con iniciativa y dispuestos a dedicar de 15 a 20 minutos al día a aprender vocabulario. Este libro de vocabulario presenta una estructura sencilla producto de eliminar todo lo innecesario para concentrar el esfuerzo de aprendizaje exclusivamente en las partes que le conducirán a mayores progresos en menos tiempo. Si está dispuesto a dedicar 20 minutos al día a aprender, probablemente sea la mejor inversión que puede hacer si tiene un nivel principiante o intermedio. Se sorprenderá de la velocidad a la que progresará con apenas unas semanas de práctica diaria.

¿Quién no debería comprar este libro?

Este libro no va dirigido a estudiantes de gallego con nivel avanzado. En ese caso, visite nuestro sitio web y busque el libro de vocabulario de gallego, que incluye más términos y está agrupado por temas, ideal para estudiantes avanzados que desean mejorar su capacidad lingüística en determinados ámbitos.

Además, si lo que necesita es un libro para aprender gallego todo en uno que le oriente durante las distintas fases del aprendizaje del idioma, probablemente no sea esto lo que busca. Este libro solo contiene vocabulario y se espera que los compradores aprendan aspectos como la gramática y la pronunciación a través de otras fuentes o en cursos de idiomas. El punto fuerte de este libro es que se centra en la adquisición rápida de vocabulario esencial, a expensas de otra información que muchas personas esperarían encontrar en un libro de gallego convencional. Tenga esto en cuenta al comprarlo.

¿Cómo utilizar este libro?

Se recomienda utilizar este libro a diario y repasar un número de páginas determinando en cada sesión. El libro se divide en secciones con 50 términos para progresar gradualmente. Pongamos por ejemplo que está repasando los términos 101 a 200. Cuando domine bien los puntos 101 a 150, podrá empezar a estudiar los elementos 201 a 250 y, al día siguiente, omitir las secciones 101-150 y continuar repasando 151 a 250. De este modo, paso a paso, avanzará en el libro y sus capacidades lingüísticas aumentarán con cada nueva página que domine.

Pinhok Languages

Pinhok Languages se esfuerza por crear productos de aprendizaje de idiomas para ayudar a los estudiantes de todo el mundo en su objetivo de aprender un nuevo idioma. Para ello, combinamos las mejores prácticas de diversos campos y sectores para compilar productos y materiales innovadores.

El equipo de Pinhok espera que este libro le ayude en su proceso de aprendizaje y le ayude a alcanzar sus objetivos más rápido. Si desea obtener más información sobre nosotros, visite nuestro sitio web www.pinhok.com. Para enviarnos sus opiniones, comunicar errores o simplemente saludarnos, visite también nuestro sitio web y utilice el formulario de contacto.

Exención de responsabilidad

yo	eu
tú	ti
él	el
ella	ela
eso	iso
nosotros	nós
ustedes	vós
ellos	eles
qué	que
quién	quen
dónde	onde
por qué	por que
cómo	como
cuál	cal
cuándo	cando
entonces	entón
si	se
realmente	realmente
pero	pero
porque	porque
no	non
este (esta, esto)	isto
Necesito esto	Necesito isto
¿Cuánto cuesta esto?	canto é?
ese	ese

todos	todo
o	ou
y	e
saber	coñecer (coñezo, coñecín, coñecido)
Lo sé	Xa o sei
No lo sé	Non o sei
pensar	pensar (penso, pensei, pensado)
venir	vir (veño, vin, vido)
poner	poñer (poño, puxen, posto)
tomar	coller (collo, collín, collido)
encontrar	atopar (atopo, atopei, atopado)
escuchar	escoitar (escoito, escoitei, escoitado)
trabajar	traballar (traballo, traballei, traballado)
hablar	falar (falo, falei, falado)
dar (en general)	dar (dou, dei, dado)
gustar	gustar (gusto, gustei, gustado)
ayudar	axudar (axudo, axudei, axudado)
amar	amar (amo, amei, amado)
llamar	chamar (chamo, chamei, chamado)
esperar	esperar (espero, esperei, esperado)
Me gustas	Gústasme
No me gusta esto	Non me gusta isto
¿Me quieres?	quéresme?
Te amo	Quérote
0	cero

1	un
2	dous
3	tres
4	catro
5	cinco
6	seis
7	sete
8	oito
9	nove
10	dez
11	once
12	doce
13	trece
14	catorce
15	quince
16	dezaseis
17	dezasete
18	dezaoito
19	dezanove
20	vinte
nuevo	novo (novo, nova, novos, novas)
viejo (no nuevo)	vello (vello, vella, vellos, vellas)
pocos	poucos
muchos	moitos
¿cuánto?	canto?

¿cuántos?	cantos?
incorrecto	incorrecto (incorrecto, incorrecta, incorrectos, incorrectas)
correcto	correcto (correcto, correcta, correctos, correctas)
malo	malo (malo, mala, malos, malas)
bueno	bo (bo, boa, bos, boas)
feliz	contento (contento, contenta, contentos, contentas)
corto	curto (curto, curta, curtos, curtas)
largo	longo (longo, longa, longos, longas)
pequeño	pequeno (pequeno, pequena, pequenos, pequenas)
grande	grande (grande, grande, grandes, grandes)
allá	alí
aquí	aquí
derecha	dereita
izquierda	esquerda
hermoso	fermoso (fermoso, fermosa, fermosos, fermosas)
joven	mozo (mozo, moza, mozos, mozas)
viejo (no joven)	vello (vello, vella, vellos, vellas)
hola (¡Hola!)	boas
nos vemos más tarde	deica outra
vale	vale
cuidate	cóidate
no te preocupes	non te preocupes
por supuesto	por suposto
buen día	bo día
hola (¡Ey!)	ola

hasta luego	abur
adiós	adeus
discúlpeme	con permiso
perdón	perdón
gracias	grazas
por favor	por favor
Quiero esto	quero isto
ahora	agora
tarde	(F) tarde (tardes)
mañana (aprox. 9:00-11:00)	(F) mañá (mañás)
noche (aprox. 22:00-5:00)	(F) noite (noites)
mañana (aprox. 6:00-9:00)	(F) madrugada (madrugadas)
noche (aprox. 17:00-22:00)	(F) tardiña (tardiñas)
mediodía	(M) mediodía (mediodías)
medianoche	(F) medianoite (medianoites)
hora	(F) hora (horas)
minuto	(M) minuto (minutos)
segundo (tiempo)	(M) segundo (segundos)
día	(M) día (días)
semana	(F) semana (semanas)
mes	(M) mes (meses)
año	(M) ano (anos)
tiempo (reloj)	(M) tempo (tempos)
fecha	(F) data (datas)
anteayer	antonte

ayer	onte
hoy	hoxe
mañana (ayer, hoy)	mañá
pasado mañana	pasado mañá
lunes	(M) luns (luns)
martes	(M) martes (martes)
miércoles	(M) mércores (mércores)
jueves	(M) xoves (xoves)
viernes	(M) venres (venres)
sábado	(M) sábado (sábados)
domingo	(M) domingo (domingos)
Mañana es sábado	Mañá é sábado
vida	(F) vida (vidas)
mujer	(F) muller (mulleres)
hombre	(M) home (homes)
amor	(M) amor (amores)
novio (relación amorosa)	(M) mozo (mozos)
novia (relación amorosa)	(F) moza (mozas)
amigo	(M) amigo (amigos)
beso	(M) beixo (beixos)
sexo	(M) sexo (sexos)
niño (la niña)	(M) neno (nenos)
bebé	(M) bebé (bebés)
niña	(F) rapaza (rapazas)
niño (masculino)	(M) rapaz (rapaces)

mamá	(F) **mamá** (mamás)
papá	(M) **papá** (papás)
madre	(F) **nai** (nais)
padre	(M) **pai** (pais)
padres	(M) **pais** (pais)
hijo	(M) **fillo** (fillos)
hija	(F) **filla** (fillas)
hermana menor	(F) **irmá pequena** (irmás pequenas)
hermano menor	(M) **irmán pequeño** (irmáns pequenos)
hermana mayor	(F) **irmá maior** (irmás maiores)
hermano mayor	(M) **irmán maior** (irmáns maiores)
estar de pie	**erguer** (ergo, erguín, erguido)
sentarse	**sentar** (sento, sentei, sentado)
acostarse	**deitar** (deito, deitei, deitado)
cerrar	**cerrar** (cerro, cerrei, cerrado)
abrir (puerta)	**abrir** (abro, abrín, aberto)
perder	**perder** (perdo, perdín, perdido)
ganar (campeonato)	**gañar** (gaño, gañei, gañado)
morir	**morrer** (morro, morrín, morrido)
vivir	**vivir** (vivo, vivín, vivido)
encender	**acender** (acendo, acendín, acendido)
apagar	**apagar** (apago, apaguei, apagado)
matar	**matar** (mato, matei, matado)
dañar	**mancar** (manco, manquei, mancado)
tocar	**tocar** (toco, toquei, tocado)

ver	ver (vexo, vin, visto)
beber	beber (bebo, bebín, bebido)
comer	comer (como, comín, comido)
caminar	camiñar (camiño, camiñei, camiñado)
encontrarse	encontrar (encontro, encontrei, encontrado)
apostar (deporte)	apostar (aposto, apostei, apostado)
besar	bicar (bico, biquei, bicado)
seguir	seguir (sigo, seguín, seguido)
casarse	casar (caso, casei, casado)
responder	responder (respondo, respondín, respondido)
preguntar	preguntar (pregunto, preguntei, preguntado)
pregunta	pregunta
empresa	(F) empresa (empresas)
negocio	(M) negocio (negocios)
trabajo	(M) traballo (traballos)
dinero	(M) cartos (cartos)
teléfono	(M) teléfono (teléfonos)
oficina	(F) oficina (oficinas)
médico	(M) doutor (doutores)
hospital	(M) hospital (hospitais)
enfermera	(F) enfermeira (enfermeiras)
policía (persona)	(M/F) policía (policías)
presidente	(M) presidente (presidentes)
blanco	branco (branco, branca, brancos, brancas)
negro	negro (negro, negra, negros, negras)

rojo	vermello (vermello, vermella, vermellos, vermellas)
azul	azul (azul, azul, azuis, azuis)
verde	verde (verde, verde, verdes, verdes)
amarillo	amarelo (amarelo, amarela, amarelos, amarelas)
lento	lento (lento, lenta, lentos, lentas)
rápido	rápido (rápido, rápida, rápidos, rápidas)
divertido	gracioso (gracioso, graciosa, graciosos, graciosas)
injusto	inxusto (inxusto, inxusta, inxustos, inxustas)
justo	xusto (xusto, xusta, xustos, xustas)
difícil	difícil (difícil, difícil, difíciles, difíciles)
fácil	fácil (fácil, fácil, fáciles, fáciles)
Esto es difícil	Isto é difícil
rico	rico (rico, rica, ricos, ricas)
pobre	pobre (pobre, pobre, pobres, pobres)
fuerte (fornido)	forte (forte, forte, fortes, fortes)
débil	débil (débil, débil, débiles, débiles)
seguro (adjetivo)	seguro (seguro, segura, seguros, seguras)
cansado	canso (canso, cansa, cansos, cansas)
orgulloso	orgulloso (orgulloso, orgullosa, orgullosos, orgullosas)
satisfecho	farto (farto, farta, fartos, fartas)
enfermo	enfermo (enfermo, enferma, enfermos, enfermas)
saludable	san (san, sa, sans, sas)
enojado	enfadado (enfadado, enfadada, enfadados, enfadadas)
bajo (diagrama)	baixo (baixo, baixa, baixos, baixas)
alto (diagrama)	alto (alto, alta, altos, altas)

recto	recto (recto, recta, rectos, rectas)
cada	cada
siempre	sempre
en realidad	en realidade
de nuevo	de novo
ya	xa
menos	menos
el más/la más	a maioría
más	máis
Quiero más	Quero máis
ninguno	ningún
muy	moito
animal	(M/F) animal (animais)
cerdo (animal)	(M) porco (porcos)
vaca	(F) vaca (vacas)
caballo	(M) cabalo (cabalos)
perro	(M) can (cans)
oveja	(F) ovella (ovellas)
mono	(M) mono (monos)
gato (animal)	(M) gato (gatos)
oso	(M) oso (osos)
pollo (animal)	(F) galiña (galiñas)
pato	(M) pato (patos)
mariposa	(F) bolboreta (bolboretas)
abeja	(F) abella (abellas)

pez	(M) peixe (peixes)
araña	(F) araña (arañas)
serpiente	(F) serpe (serpes)
fuera	fóra
dentro	dentro
lejos	lonxe
cerca	próximo
abajo	debaixo
arriba	enriba
junto a	ao lado
frente (posición)	adiante
atrás	atrás
dulce	doce (doce, doce, doces, doces)
agrio	acedo (acedo, aceda, acedos, acedas)
extraño	estraño (estraño, estraña, estraños, estrañas)
suave	brando (brando, branda, brandos, brandas)
duro	duro (duro, dura, duros, duras)
lindo	riquiño (riquiño, riquiña, riquiños, riquiñas)
estúpido	estúpido (estúpido, estúpida, estúpidos, estúpidas)
loco	tolo (tolo, tola, tolos, tolas)
ocupado	ocupado (ocupado, ocupada, ocupados, ocupadas)
alto (cuerpo)	alto (alto, alta, altos, altas)
bajo (cuerpo)	baixo (baixo, baixa, baixos, baixas)
preocupado	preocupado (preocupado, preocupada, preocupados, preocupadas)
sorprendido	sorprendido (sorprendido, sorprendida, sorprendidos, sorprendidas)

genial	**xenial** (xenial, xenial, xeniais, xeniais)
bien educado	**educado** (educado, educada, educados, educadas)
malvado	**malvado** (malvado, malvada, malvados, malvadas)
listo	**intelixente** (intelixente, intelixente, intelixentes, intelixentes)
frío	**frío** (frío, fría, fríos, frías)
caliente	**quente** (quente, quente, quentes, quentes)
cabeza	(F) **cabeza** (cabezas)
nariz	(M) **nariz** (narices)
cabello	(M) **pelo** (pelos)
boca	(F) **boca** (bocas)
oreja	(F) **orella** (orellas)
ojo	(M) **ollo** (ollos)
mano	(F) **man** (mans)
pie	(M) **pé** (pés)
corazón	(M) **corazón** (corazóns)
cerebro	(M) **cerebro** (cerebros)
tirar	**tirar** (tiro, tirei, tirado)
empujar (puerta)	**empurrar** (empurro, empurrei, empurrado)
presionar	**premer** (premo, premín, premido)
golpear (algo/a alguien)	**golpear** (golpeo, golpeei, golpeado)
atrapar	**atrapar** (atrapo, atrapei, atrapado)
pelear	**loitar** (loito, loitei, loitado)
lanzar	**lanzar** (lanzo, lanzei, lanzado)
correr (verbo)	**correr** (corro, corrín, corrido)
leer	**ler** (leo, lin, lido)

escribir	escribir (escribo, escribín, escrito)
arreglar	amañar (amaño, amañei, amañado)
contar	contar (conto, contei, contado)
cortar	cortar (corto, cortei, cortado)
vender	vender (vendo, vendín, vendido)
comprar	comprar (compro, comprei, comprado)
pagar	pagar (pago, paguei, pagado)
estudiar	estudar (estudo, estudei, estudado)
soñar	soñar (soño, soñei, soñado)
dormir	durmir (durmo, durmín, durmido)
jugar	xogar (xogo, xoguei, xogado)
celebrar	celebrar (celebro, celebrei, celebrado)
descansar	descansar (descanso, descansei, descansado)
disfrutar	desfrutar (desfruto, desfrutei, desfrutado)
limpiar (generalmente)	limpar (limpo, limpei, limpado)
escuela	(F) escola (escolas)
casa (edificio)	(F) casa (casas)
puerta	(F) porta (portas)
marido	(M) home (homes)
esposa	(F) muller (mulleres)
boda	(F) voda (vodas)
persona	(F) persoa (persoas)
coche	(M) coche (coches)
hogar	(M) fogar (fogares)
ciudad	(F) cidade (cidades)

número	(M) número (números)
21	vinte e un
22	vinte e dous
26	vinte e seis
30	trinta
31	trinta e un
33	trinta e tres
37	trinta e sete
40	corenta
41	corenta e un
44	corenta e catro
48	corenta e oito
50	cincuenta
51	cincuenta e un
55	cincuenta e cinco
59	cincuenta e nove
60	sesenta
61	sesenta e un
62	sesenta e dous
66	sesenta e seis
70	setenta
71	setenta e un
73	setenta e tres
77	setenta e sete
80	oitenta

81	oitenta e un
84	oitenta e catro
88	oitenta e oito
90	noventa
91	noventa e un
95	noventa e cinco
99	noventa e nove
100	cen
1000	mil
10.000	dez mil
100.000	cen mil
1.000.000	un millón
mi perro	o meu can
tu gato	o teu gato
su vestido	o seu vestido
su coche	o seu coche
su pelota	o seu balón
nuestra casa	a nosa casa
vuestro equipo	o voso equipo
su empresa	a súa empresa
todo el mundo	todos
juntos	xuntos
otro	outros
no importa	non ten importancia
¡Salud!	saúde

relajarse	reláxate
estoy de acuerdo	estou de acordo
bienvenido	benvido
sin preocupaciones	sen problema
gira a la derecha	xira á dereita
gira a la izquierda	xira á esquerda
ve recto	vai recto
Ven conmigo	ven comigo
huevo	(M) ovo (ovos)
queso	(M) queixo (queixos)
leche	(M) leite (leites)
pescado (comida)	(M) peixe (peixes)
carne	(F) carne (carnes)
verdura	(F) verdura (verduras)
fruta	(F) froita (froitas)
hueso (comida)	(M) óso (ósos)
aceite	(M) aceite (aceites)
pan	(M) pan (pans)
azúcar	(M) azucre (azucres)
chocolate	(M) chocolate (chocolates)
caramelo	(M) caramelo (caramelos)
pastel	(F) torta (tortas)
bebida	(F) bebida (bebidas)
agua	(F) auga (augas)
soda	(F) soda (sodas)

café	(M) café (cafés)
té	(M) té (tés)
cerveza	(F) cervexa (cervexas)
vino	(M) viño (viños)
ensalada	(F) ensalada (ensaladas)
sopa	(F) sopa (sopas)
postre	(F) sobremesa (sobremesas)
desayuno	(M) almorzo (almorzos)
almuerzo	(M) xantar (xantares)
cena	(F) cea (ceas)
pizza	(F) pizza (pizzas)
autobús	(M) bus (buses)
tren	(M) tren (trens)
estación de tren	(F) estación de tren (estacións de tren)
parada de autobús	(F) parada de bus (paradas de buses)
avión	(M) avión (avións)
barco	(M) barco (barcos)
camión	(M) camión (camións)
bicicleta	(F) bicicleta (bicicletas)
motocicleta	(F) moto (motos)
taxi	(M) taxi (taxis)
semáforo	(M) semáforo (semáforos)
estacionamiento	(M) aparcamento (aparcamentos)
carretera	(F) rúa (rúas)
ropa	(F) roupa (roupas)

zapato	(M) zapato (zapatos)
abrigo	(M) abrigo (abrigos)
suéter	(M) xersei (xerseis)
camisa	(F) camisa (camisas)
chaqueta	(F) chaqueta (chaquetas)
traje	(M) traxe (traxes)
pantalones	(M) pantalón (pantalóns)
vestido	(M) vestido (vestidos)
camiseta	(F) camiseta (camisetas)
calcetín	(M) calcetín (calcetíns)
sujetador	(M) suxeitador (suxeitadores)
calzoncillos	(M) calzón (calzóns)
gafas	(F) lentes (lentes)
bolso	(M) bolso (bolsos)
monedero	(M) moedeiro (moedeiros)
billetera	(F) carteira (carteiras)
anillo	(M) anel (aneis)
sombrero	(M) sombreiro (sombreiros)
reloj (muñeca)	(M) reloxo (reloxos)
bolsillo	(M) peto (petos)
¿Cómo te llamas?	como te chamas?
Mi nombre es David	O meu nome é David
Tengo 22 años	Teño 22 anos
¿Cómo estás?	como estás?
¿Estás bien?	estás ben?

¿Dónde está el baño?	onde está o baño?
Te extraño	Estráñote
primavera	(F) primavera (primaveras)
verano	(M) verán (veráns)
otoño	(M) outono (outonos)
invierno	(M) inverno (invernos)
enero	(M) xaneiro (xaneiros)
febrero	(M) febreiro (febreiros)
marzo	(M) marzo (marzos)
abril	(M) abril (abrís)
mayo	(M) maio (maios)
junio	(M) xuño (xuños)
julio	(M) xullo (xullos)
agosto	(M) agosto (agostos)
septiembre	(M) setembro (setembros)
octubre	(M) outubro (outubros)
noviembre	(M) novembro (novembros)
diciembre	(M) decembro (decembros)
compra	(F) compra (compras)
factura	(F) factura (facturas)
mercado	(M) mercado (mercados)
supermercado	(M) supermercado (supermercados)
edificio	(M) edificio (edificios)
piso	(M) apartamento (apartamentos)
universidad	(F) universidade (universidades)

granja	(F) granxa (granxas)
iglesia	(F) igrexa (igrexas)
restaurante	(M) restaurante (restaurantes)
bar	(M) bar (bares)
gimnasio	(M) ximnasio (ximnasios)
parque	(M) parque (parques)
inodoro (público)	(M) aseo (aseos)
mapa	(M) mapa (mapas)
ambulancia	(F) ambulancia (ambulancias)
policía (fuerza de seguridad)	(F) policía (policías)
pistola	(F) pistola (pistolas)
bomberos	(M) bombeiros (bombeiros)
país	(M) país (países)
suburbio	(M) suburbio (suburbios)
pueblo	(F) aldea (aldeas)
salud	(F) saúde (saúdes)
medicamento	(F) medicina (medicinas)
accidente	(M) accidente (accidentes)
paciente	(M/F) paciente (pacientes)
operación	(F) cirurxía (cirurxías)
pastilla	(F) pílula (pílulas)
fiebre	(F) febre (febres)
resfriado	(M) catarro (catarros)
herida	(F) ferida (feridas)
cita	(F) cita (citas)

tos	(F) **tose** (toses)
cuello (parte del cuerpo)	(M) **pescozo** (pescozos)
trasero	(M) **cu** (cus)
hombro	(M) **ombreiro** (ombreiros)
rodilla	(M) **xeonllo** (xeonllos)
pierna	(F) **perna** (pernas)
brazo	(M) **brazo** (brazos)
vientre	(F) **barriga** (barrigas)
mama	(M) **seo** (seos)
espalda	(M) **lombo** (lombos)
diente	(M) **dente** (dentes)
lengua	(F) **lingua** (linguas)
labio	(M) **beizo** (beizos)
dedo	(M) **dedo** (dedos)
dedo del pie	(F) **deda** (dedas)
estómago	(M) **estómago** (estómagos)
pulmón	(M) **pulmón** (pulmóns)
hígado	(M) **fígado** (fígados)
nervio	(M) **nervio** (nervios)
riñón	(M) **ril** (riles)
intestino	(M) **intestino** (intestinos)
color	(F) **cor** (cores)
naranja (color)	**laranxa** (laranxa, laranxa, laranxas, laranxas)
gris	**gris** (gris, gris, grises, grises)
marrón	**marrón** (marrón, marrón, marróns, marróns)

rosa (color)	rosa (rosa, rosa, rosas, rosas)
aburrido	aburrido (aburrido, aburrida, aburridos, aburridas)
pesado	pesado (pesado, pesada, pesados, pesadas)
ligero	lixeiro (lixeiro, lixeira, lixeiros, lixeiras)
solitario	só (só, soa, sós, soas)
hambriento	famento (famento, famenta, famentos, famentas)
sediento	sedento (sedento, sedenta, sedentos, sedentas)
triste	triste (triste, triste, tristes, tristes)
empinado	empinado (empinado, empinada, empinados, empinadas)
plano	chan (chan, chá, chans, chás)
redondo	circular (circular, circular, circulares, circulares)
cuadrado (adjetivo)	anguloso (anguloso, angulosa, angulosos, angulosas)
estrecho	estreito (estreito, estreita, estreitos, estreitas)
ancho (adjetivo)	amplo (amplo, ampla, amplos, amplas)
profundo	profundo (profundo, profunda, profundos, profundas)
poco profundo	superficial (superficial, superficial, superficiais, superficiais)
enorme	enorme (enorme, enorme, enormes, enormes)
norte	norte
este (oeste, sur, norte)	leste
sur	sur
oeste	oeste
sucio	sucio (sucio, sucia, sucios, sucias)
limpio	limpo (limpo, limpa, limpos, limpas)
lleno	cheo (cheo, chea, cheos, cheas)
vacío	baleiro (baleiro, baleira, baleiros, baleiras)

caro	**caro** (caro, cara, caros, caras)
barato	**barato** (barato, barata, baratos, baratas)
oscuro	**escuro** (escuro, escura, escuros, escuras)
claro	**claro** (claro, clara, claros, claras)
sexy	**atractivo** (atractivo, atractiva, atractivos, atractivas)
vago	**lacazán** (lacazán, lacazana, lacazáns, lacazanas)
valiente	**valente** (valente, valente, valentes, valentes)
generoso	**xeneroso** (xeneroso, xenerosa, xenerosos, xenerosas)
guapo	**guapo** (guapo, guapa, guapos, guapas)
feo	**feo** (feo, fea, feos, feas)
tonto	**tonto** (tonto, tonta, tontos, tontas)
amistoso	**amigábel** (amigábel, amigábel, amigábeis, amigábeis)
culpable	**culpábel** (culpábel, culpábel, culpábeis, culpábeis)
ciego	**cego** (cego, cega, cegos, cegas)
borracho	**bébedo** (bébedo, bébeda, bébedos, bébedas)
mojado	**mollado** (mollado, mollada, mollados, molladas)
seco	**seco** (seco, seca, secos, secas)
cálido	**morno** (morno, morna, mornos, mornas)
ruidoso	**ruidoso** (ruidoso, ruidosa, ruidosos, ruidosas)
tranquilo	**tranquilo** (tranquilo, tranquila, tranquilos, tranquilas)
silencioso	**silencioso** (silencioso, silenciosa, silenciosos, silenciosas)
cocina	(F) **cociña** (cociñas)
baño	(M) **cuarto de baño** (cuartos de baño)
sala de estar	(F) **sala de estar** (salas de estar)
dormitorio (casa)	(M) **dormitorio** (dormitorios)

jardín	(M) xardín (xardíns)
garaje	(M) garaxe (garaxes)
pared	(F) parede (paredes)
sótano	(M) soto (sotos)
inodoro (casa)	(M) aseo (aseos)
escalera (edificio)	(F) escaleira (escaleiras)
techo	(M) tellado (tellados)
ventana (edificio)	(F) fiestra (fiestras)
cuchillo	(M) coitelo (coitelos)
taza	(M) taza (tazas)
vaso (tarro)	(M) vaso (vasos)
plato	(M) prato (pratos)
vaso (plastico)	(F) copa (copas)
cubo de basura	(M) cubo do lixo (cubos do lixo)
cuenco	(F) cunca (cuncas)
televisor	(M) televisor (televisores)
escritorio	(M) escritorio (escritorios)
cama	(F) cama (camas)
espejo	(M) espello (espellos)
ducha	(F) ducha (duchas)
sofá	(M) sofá (sofás)
cuadro	(F) foto (fotos)
reloj (pared)	(M) reloxo (reloxos)
mesa	(F) mesa (mesas)
silla	(F) cadeira (cadeiras)

piscina (jardín)	(F) piscina (piscinas)
campana	(M) timbre (timbres)
vecino	(M) veciño (veciños)
fallar	fracasar (fracaso, fracasei, fracasado)
elegir	escoller (escollo, escollín, escollido)
disparar	disparar (disparo, disparei, disparado)
votar	votar (voto, votei, votado)
caer	caer (caio, caín, caído)
defender	defender (defendo, defendín, defendido)
atacar	atacar (ataco, ataquei, atacado)
robar	roubar (roubo, roubei, roubado)
quemar	queimar (queimo, queimei, queimado)
rescatar	rescatar (rescato, rescatei, rescatado)
fumar	fumar (fumo, fumei, fumado)
volar	voar (voo, voei, voado)
llevar	levar (levo, levei, levado)
escupir	cuspir (cuspo, cuspín, cuspido)
patear	patear (pateo, pateei, pateado)
morder	morder (mordo, mordín, mordido)
respirar	respirar (respiro, respirei, respirado)
oler	ulir (ulo, ulín, ulido)
llorar	chorar (choro, chorei, chorado)
cantar	cantar (canto, cantei, cantado)
sonreír	sorrir (sorrío, sorrín, sorrido)
reír	rir (río, rin, rido)

crecer	medrar (medro, medrei, medrado)
encoger	encoller (encollo, encollín, encollido)
argumentar	discutir (discuto, discutín, discutido)
amenazar	ameazar (ameazo, ameacei, ameazado)
compartir	compartir (comparto, compartín, compartido)
alimentar	alimentar (alimento, alimentei, alimentado)
ocultar	esconder (escondo, escondín, escondido)
advertir	advertir (advirto, advertín, advertido)
nadar	nadar (nado, nadei, nadado)
saltar	saltar (salto, saltei, saltado)
rodar	rodar (rodo, rodei, rodado)
levantar	levantar (levanto, levantei, levantado)
cavar	cavar (cavo, cavei, cavado)
copiar	copiar (copio, copiei, copiado)
entregar	entregar (entrego, entreguei, entregado)
buscar	buscar (busco, busquei, buscado)
practicar	practicar (practico, practiquei, practicado)
viajar	viaxar (viaxo, viaxei, viaxado)
pintar	pintar (pinto, pintei, pintado)
ducharse	ducharse (ducho, duchei, duchado)
abrir (cerradura)	abrir (abro, abrín, aberto)
bloquear	pechar (pecho, pechei, pechado)
lavar	lavar (lavo, lavei, lavado)
orar	rezar (rezo, recei, rezado)
cocinar	cociñar (cociño, cociñei, cociñado)

libro	(M) **libro** (libros)
biblioteca	(F) **biblioteca** (bibliotecas)
tarea	(M) **deberes** (deberes)
examen	(M) **exame** (exames)
lección	(F) **clase** (clases)
ciencia	(F) **ciencia** (ciencias)
historia	(F) **historia** (historias)
arte	(F) **arte** (artes)
inglés	(M) **inglés** (ingleses)
francés	(M) **francés** (franceses)
pluma	(F) **pluma** (plumas)
lápiz	(M) **lapis** (lapis)
3%	**tres por cento**
primero	(M) **primeiro** (primeiros)
segundo (la segunda)	(M) **segundo** (segundos)
tercero	(M) **terceiro** (terceiros)
cuarto	(M) **cuarto** (cuartos)
resultado	(M) **resultado** (resultados)
cuadrado (geometría)	(M) **cadrado** (cadrados)
círculo	(M) **círculo** (círculos)
área	(F) **área** (áreas)
investigación	(F) **investigación** (investigacións)
grado	(M) **grao** (graos)
licenciatura	(F) **licenciatura** (licenciaturas)
máster	(M) **máster** (másteres)

x < y	x é menor ca y
x > y	x é maior ca y
estrés	(M) **estrés** (estrés)
seguro (nombre)	(M) **seguro** (seguros)
personal	(M) **persoal** (persoais)
departamento	(M) **departamento** (departamentos)
salario	(M) **salario** (salarios)
dirección	(M) **enderezo** (enderezos)
carta	(F) **carta** (cartas)
capitán	(M) **capitán** (capitáns)
detective	(M/F) **detective** (detectives)
piloto	(M) **piloto** (pilotos)
catedrático	(M) **profesor** (profesores)
profesor	(M) **mestre** (mestres)
abogado	(M) **avogado** (avogados)
secretaria	(F) **secretaria** (secretarias)
asistente	(M) **asistente** (asistentes)
juez	(M) **xuíz** (xuíces)
director (comercio)	(M) **director** (directores)
gerente	(M) **xestor** (xestores)
cocinero	(M) **cociñeiro** (cociñeiros)
taxista	(M/F) **taxista** (taxistas)
conductor de autobús	(M) **condutor de bus** (condutores de bus)
criminal	(M/F) **criminal** (criminais)
modelo	(M) **modelo** (modelos)

artista	(M/F) **artista** (artistas)
número de teléfono	(M) **número de teléfono** (números de teléfono)
señal	(F) **cobertura** (coberturas)
aplicación	(F) **aplicación** (aplicacións)
chat	(M) **chat** (chats)
archivo	(M) **arquivo** (arquivos)
url	(F) **dirección url** (direccións url)
dirección de correo electrónico	(M) **enderezo de correo electrónico** (enderezos de correo electrónico)
sitio web	(F) **páxina web** (páxinas web)
correo electrónico	(M) **correo electrónico** (correos electrónicos)
teléfono móvil	(M) **teléfono móbil** (teléfonos móbiles)
ley	(F) **lei** (leis)
prisión	(F) **prisión** (prisións)
prueba	(F) **proba** (probas)
multa	(F) **multa** (multas)
testigo	(F) **testemuña** (testemuñas)
tribunal	(M) **tribunal** (tribunais)
firma	(F) **sinatura** (sinaturas)
pérdida	(F) **perda** (perdas)
beneficio	(M) **beneficio** (beneficios)
cliente	(M/F) **cliente** (clientes)
cantidad	(F) **suma** (sumas)
tarjeta de crédito	(F) **tarxeta de crédito** (tarxetas de crédito)
contraseña	(M) **contrasinal** (contrasinais)
cajero automático	(M) **caixeiro** (caixeiros)

piscina (campeonato)	(F) piscina (piscinas)
electricidad	(F) electricidade (electricidades)
cámara (aparato)	(F) cámara (cámaras)
radio (radiorreceptor)	(F) radio (radios)
regalo	(M) regalo (regalos)
botella	(F) botella (botellas)
bolsa (accesorio)	(F) bolsa (bolsas)
llave	(F) chave (chaves)
muñeca (juguete)	(F) boneca (bonecas)
ángel	(M) anxo (anxos)
peine	(M) peite (peites)
pasta de dientes	(F) pasta de dentes (pastas de dentes)
cepillo de dientes	(M) cepillo de dentes (cepillos de dentes)
champú	(M) champú (champús)
crema (cosméticos)	(F) crema (cremas)
pañuelo	(M) pano (panos)
pintalabios	(F) barra de labios (barras de labios)
TV	(F) televisión (televisións)
cine	(M) cine (cines)
noticias	(M) noticiario (noticiarios)
asiento	(M) asento (asentos)
entrada	(F) entrada (entradas)
pantalla (cine)	(F) pantalla (pantallas)
música	(F) música (músicas)
escenario	(M) escenario (escenarios)

audiencia	(F) **audiencia** (audiencias)
pintura (arte)	(F) **pintura** (pinturas)
broma	(M) **chiste** (chistes)
artículo	(M) **artigo** (artigos)
periódico	(M) **xornal** (xornais)
revista	(F) **revista** (revistas)
anuncio	(M) **anuncio** (anuncios)
naturaleza	(F) **natureza** (naturezas)
ceniza	(F) **cinza** (cinzas)
fuego	(M) **lume** (lumes)
diamante	(M) **diamante** (diamantes)
luna	(F) **Lúa** (Lúas)
tierra	(F) **Terra** (Terras)
sol (cuerpo celeste)	(M) **Sol** (Soles)
estrella	(F) **estrela** (estrelas)
planeta	(M) **planeta** (planetas)
universo	(M) **universo** (universos)
costa	(F) **costa** (costas)
lago	(M) **lago** (lagos)
bosque	(M) **bosque** (bosques)
desierto	(M) **deserto** (desertos)
colina	(M) **outeiro** (outeiros)
roca	(F) **rocha** (rochas)
río	(M) **río** (ríos)
valle	(M) **val** (vales)

montaña	(F) **montaña** (montañas)
isla	(F) **illa** (illas)
océano	(M) **océano** (océanos)
mar	(M) **mar** (mares)
tiempo (meteorológico)	(M) **tempo** (tempos)
hielo	(M) **xeo** (xeos)
nieve	(F) **neve** (neves)
tempestad	(F) **tormenta** (tormentas)
lluvia	(F) **chuvia** (chuvias)
viento	(M) **vento** (ventos)
planta	(F) **planta** (plantas)
árbol	(F) **árbore** (árbores)
hierba	(M) **céspede** (céspedes)
rosa (planta)	(F) **rosa** (rosas)
flor	(F) **flor** (flores)
gas	(M) **gas** (gases)
metal	(M) **metal** (metais)
oro	(M) **ouro** (ouros)
plata	(F) **prata** (pratas)
La plata es más barata que el oro	A prata é máis barata có ouro
El oro es más caro que la plata	O ouro é máis caro cá prata
vacaciones	(F) **vacación** (vacacións)
miembro	(M) **membro** (membros)
hotel	(M) **hotel** (hoteis)
playa	(F) **praia** (praias)

invitado	(M/F) hóspede (hóspedes)
cumpleaños	(M) cumpleanos (cumpleanos)
Navidad	(M) Nadal (Nadais)
Año Nuevo	(M) Ano novo (Anos novos)
Pascua	(F) Pascua (Pascuas)
tío	(M) tío (tíos)
tía	(F) tía (tías)
abuela (padre)	(F) avoa paterna (avoas paternas)
abuelo (padre)	(M) avó paterno (avós paternos)
abuela (madre)	(F) avoa materna (avoas maternas)
abuelo (madre)	(M) avó materno (avós maternos)
muerte	(F) morte (mortes)
tumba	(F) tumba (tumbas)
divorcio	(M) divorcio (divorcios)
novia (boda)	(F) noiva (noivas)
novio (boda)	(M) noivo (noivos)
101	cento un
105	cento cinco
110	cento dez
151	cento cincuenta e un
200	douscentos
202	douscentos dous
206	douscentos seis
220	douscentos vinte
262	douscentos sesenta e dous

300	trescentos
303	trescentos tres
307	trescentos sete
330	trescentos trinta
373	trescentos setenta e tres
400	catrocentos
404	catrocentos catro
408	catrocentos oito
440	catrocentos corenta
484	catrocentos oitenta e catro
500	cincocentos
505	cincocentos cinco
509	cincocentos nove
550	cincocentos cincuenta
595	cincocentos noventa e cinco
600	seiscentos
601	seiscentos un
606	seiscentos seis
616	seiscentos dezaseis
660	seiscentos sesenta
700	setecentos
702	setecentos dous
707	setecentos sete
727	setecentos vinte e sete
770	setecentos setenta

800	oitocentos
803	oitocentos tres
808	oitocentos oito
838	oitocentos trinta e oito
880	oitocentos oitenta
900	novecentos
904	novecentos catro
909	novecentos nove
949	novecentos corenta e nove
990	novecentos noventa
tigre	(M) tigre (tigres)
ratón (animal)	(M) rato (ratos)
rata	(F) rata (ratas)
conejo	(M) coello (coellos)
león	(M) león (leóns)
burro	(M) burro (burros)
elefante	(M) elefante (elefantes)
pájaro	(F) ave (aves)
gallo	(M) galo (galos)
paloma	(F) pomba (pombas)
ganso	(M) ganso (gansos)
insecto	(M) insecto (insectos)
escarabajo	(M) becho (bechos)
mosquito	(M) mosquito (mosquitos)
mosca	(F) mosca (moscas)

hormiga	(F) formiga (formigas)
ballena	(F) balea (baleas)
tiburón	(F) quenlla (quenllas)
delfín	(M) golfiño (golfiños)
caracol	(M) caracol (caracois)
rana	(F) ra (ras)
a menudo	a miúdo
inmediatamente	inmediatamente
de repente	de súpeto
aunque	aínda que
gimnasia	(F) ximnasia
tenis	(M) tenis
correr (sustantivo)	(M) correr
ciclismo	(M) ciclismo
golf	(M) golf
patinaje sobre hielo	(F) patinaxe sobre xeo
fútbol	(M) fútbol
baloncesto	(M) baloncesto
natación	(F) natación
buceo	(M) mergullo
senderismo	(M) sendeirismo
Reino Unido	Reino Unido
España	España
Suiza	Suíza
Italia	Italia

Francia	Francia
Alemania	Alemaña
Tailandia	Tailandia
Singapur	Singapur
Rusia	Rusia
Japón	Xapón
Israel	Israel
India	India
China	China
Estados Unidos de América	Estados Unidos de América
México	México
Canadá	Canadá
Chile	Chile
Brasil	Brasil
Argentina	Arxentina
Sudáfrica	Suráfrica
Nigeria	Nixeria
Marruecos	Marrocos
Libia	Libia
Kenia	Kenya
Argelia	Alxeria
Egipto	Exipto
Nueva Zelanda	Nova Zelandia
Australia	Australia
África	África

Europa	Europa
Asia	Asia
América	América
cuarto de hora	un cuarto de hora
media hora	media hora
tres cuartos de hora	tres cuartos de hora
1:00	a unha en punto
2:05	as dúas e cinco
3:10	as tres e dez
4:15	as catro e cuarto
5:20	as cinco e vinte
6:25	as seis e vinte e cinco
7:30	as sete e media
8:35	as oito trinta e cinco
9:40	as dez menos vinte
10:45	as once menos cuarto
11:50	as doce menos dez
12:55	a unha menos cinco
una de la mañana	unha en punto da mañá
dos de la tarde	dúas en punto da tarde
semana pasada	a semana pasada
esta semana	esta semana
próxima semana	a semana que vén
año pasado	o ano pasado
este año	este ano

año siguiente	o ano que vén
mes pasado	o mes pasado
este mes	este mes
mes siguiente	o mes que vén
2014-01-01	un de xaneiro de dous mil catorce
2003-02-25	vinte e cinco de febreiro de dous mil tres
1988-04-12	doce de abril de mil novecentos oitenta e oito
1899-10-13	trece de outubro de mil oitocentos noventa e nove
1907-09-30	trinta de setembro de mil novecentos sete
2000-12-12	doce de decembro de dous mil
frente (parte del cuerpo)	(F) fronte (frontes)
arruga	(F) engurra (engurras)
barbilla	(M) queixo (queixos)
mejilla	(F) meixela (meixelas)
barba	(F) barba (barbas)
pestañas	(F) pestanas (pestanas)
ceja	(F) cella (cellas)
cintura	(F) cintura (cinturas)
nuca	(F) caluga (calugas)
pecho	(M) peito (peitos)
pulgar	(M) polgar (polgares)
dedo meñique	(M) dedo maimiño (dedos maimiños)
dedo anular	(M) dedo anular (dedos anulares)
dedo del medio	(M) dedo medio (dedos medios)
dedo índice	(M) dedo índice (dedos índices)

muñeca (parte del cuerpo)	(M) pulso (pulsos)
uña	(F) uña (uñas)
talón	(M) talón (talóns)
espina dorsal	(F) columna vertebral (columnas vertebrais)
músculo	(M) músculo (músculos)
hueso (parte del cuerpo)	(M) óso (ósos)
esqueleto	(M) esqueleto (esqueletos)
costilla	(F) costela (costelas)
vértebra	(F) vértebra (vértebras)
vejiga	(F) vexiga (vexigas)
vena	(F) vea (veas)
arteria	(F) arteria (arterias)
vagina	(F) vaxina (vaxinas)
esperma	(M) esperma (espermas)
pene	(M) pene (penes)
testículo	(M) testículo (testículos)
jugoso	suculento (suculento, suculenta, suculentos, suculentas)
picante	picante (picante, picante, picantes, picantes)
salado	salgado (salgado, salgada, salgados, salgadas)
crudo	cru (cru, crúa, crus, crúas)
hervido	cocido (cocido, cocida, cocidos, cocidas)
tímido	tímido (tímido, tímida, tímidos, tímidas)
codicioso	cobizoso (cobizoso, cobizosa, cobizosos, cobizosas)
estricto	estrito (estrito, estrita, estritos, estritas)
sordo	xordo (xordo, xorda, xordos, xordas)

mudo	mudo (mudo, muda, mudos, mudas)
regordete	gordo (gordo, gorda, gordos, gordas)
flaco	fraco (fraco, fraca, fracos, fracas)
rechoncho	groso (groso, grosa, grosos, grosas)
delgado	delgado (delgado, delgada, delgados, delgadas)
soleado	solleiro (solleiro, solleira, solleiros, solleiras)
lluvioso	chuvioso (chuvioso, chuviosa, chuviosos, chuviosas)
brumoso	bretemoso (bretemoso, bretemosa, bretemosos, bretemosas)
nublado	nubrado (nubrado, nubrada, nubrados, nubradas)
ventoso	ventoso (ventoso, ventosa, ventosos, ventosas)
panda	(M) oso panda (osos panda)
cabra	(F) cabra (cabras)
oso polar	(M) oso polar (osos polares)
lobo	(M) lobo (lobos)
rinoceronte	(M) rinoceronte (rinocerontes)
koala	(M) coala (coalas)
canguro	(M) canguro (canguros)
camello	(M) camelo (camelos)
hámster	(M) hámster (hámsteres)
jirafa	(F) xirafa (xirafas)
ardilla	(M) esquío (esquíos)
zorro	(M) raposo (raposos)
leopardo	(M) leopardo (leopardos)
hipopótamo	(M) hipopótamo (hipopótamos)
ciervo	(M) cervo (cervos)

murciélago	(M) morcego (morcegos)
cuervo	(F) gralla (grallas)
cigüeña	(F) cegoña (cegoñas)
cisne	(M) cisne (cisnes)
gaviota	(F) gaivota (gaivotas)
búho	(M) moucho (mouchos)
águila	(F) aguia (aguias)
pingüino	(M) pingüín (pingüíns)
loro	(M) papagaio (papagaios)
termita	(M) térmite (térmites)
polilla	(F) avelaíña (avelaíñas)
oruga	(F) eiruga (eirugas)
libélula	(F) libélula (libélulas)
saltamontes	(M) saltón (saltóns)
calamar	(F) lura (luras)
pulpo	(M) polbo (polbos)
caballito de mar	(M) cabaliño de mar (cabaliños de mar)
tortuga marina	(F) tartaruga (tartarugas)
concha	(F) cuncha (cunchas)
foca	(F) foca (focas)
medusa	(F) medusa (medusas)
cangrejo	(M) caranguexo (caranguexos)
dinosaurio	(M) dinosauro (dinosauros)
tortuga	(F) tartaruga (tartarugas)
cocodrilo	(M) crocodilo (crocodilos)

maratón	(F) maratón
triatlón	(M) tríatlon
tenis de mesa	(M) tenis de mesa
levantamiento de pesas	(F) halterofilia
boxeo	(M) boxeo
bádminton	(M) bádminton
patinaje artístico	(F) patinaxe artística
snowboard	(M) snowboard
esquí	(M) esquí
esquí de fondo	(M) esquí de fondo
hockey sobre hielo	(M) hóckey sobre xeo
voleibol	(M) voleibol
balonmano	(M) balonmán
voleibol de playa	(M) voleibol praia
rugby	(M) rugby
críquet	(M) crícket
béisbol	(M) béisbol
fútbol americano	(M) fútbol americano
waterpolo	(M) polo acuático
clavadismo	(M) salto de trampolín
surf	(M) surf
navegación	(F) vela
remo	(M) remo
carrera de coches	(M) automobilismo
rally	(M) rally

carrera de motos	(M) motociclismo de velocidade
yoga	(M) ioga
baile	(F) danza
montañismo	(M) alpinismo
paracaidismo	(M) paracaidismo
monopatinaje	(F) monopatinaxe
ajedrez	(M) xadrez
póker	(M) póker
alpinismo	(F) escalada
bolos	(M) birlos
billar	(M) billar
ballet	(M) ballet
calentamiento	(M) quencemento
estiramientos	(M) estiramentos
abdominales	(M) abdominais
flexión de codos	(F) flexións
sauna	(F) sauna
bicicleta estática	(F) bicicleta estática
cinta de correr	(F) cinta de correr
1001	mil un
1012	mil doce
1234	mil douscentos trinta e catro
2000	dous mil
2002	dous mil dous
2023	dous mil vinte e tres

2345	dous mil trescentos corenta e cinco
3000	tres mil
3003	tres mil tres
4000	catro mil
4045	catro mil corenta e cinco
5000	cinco mil
5678	cinco mil seiscentos setenta e oito
6000	seis mil
7000	sete mil
7890	sete mil oitocentos noventa
8000	oito mil
8901	oito mil novecentos un
9000	nove mil
9090	nove mil noventa
10.001	dez mil un
20.020	vinte mil vinte
30.300	trinta mil trescentos
44.000	corenta e catro mil
10.000.000	dez millóns
100.000.000	cen millóns
1.000.000.000	mil millóns
10.000.000.000	dez mil millóns
100.000.000.000	cen mil millóns
1.000.000.000.000	un billón
apostar (casino)	apostar (aposto, apostei, apostado)

engordar	engordar (engordo, engordei, engordado)
adelgazar	adelgazar (adelgazo, adelgacei, adelgazado)
vomitar	vomitar (vomito, vomitei, vomitado)
gritar	gritar (grito, gritei, gritado)
mirar fijamente	mirar (miro, mirei, mirado)
desmayarse	esvaecer (esvaezo, esvaecín, esvaecido)
tragar	tragar (trago, traguei, tragado)
temblar	arrepiar (arrepío, arrepiei, arrepiado)
dar un masaje	masaxear (masaxeo, masaxeei, masaxeado)
escalar	escalar (escalo, escalei, escalado)
citar	citar (cito, citei, citado)
imprimir	imprimir (imprimo, imprimín, impreso)
escanear	escanear (escaneo, escaneei, escaneado)
calcular	calcular (calculo, calculei, calculado)
ganar (dinero)	gañar (gaño, gañei, gañado)
medir	medir (mido, medín, medido)
pasar la aspiradora	aspirar (aspiro, aspire , aspirado)
secar	secar (seco, sequei, secado)
hervir	cocer (cozo, cocín, cocido)
freír	fritir (frito, fritín, fritido)
ascensor	(M) ascensor (ascensores)
balcón	(M) balcón (balcóns)
suelo (edificio)	(M) chan (chans)
ático	(M) faiado (faiados)
puerta principal	(F) porta principal (portas principais)

pasillo (edificio)	(M) corredor (corredores)
segundo sótano	(M) segundo sótano (segundos sótanos)
primer sótano	(M) primeiro sótano (primeiros sótanos)
planta baja	(F) planta baixa (plantas baixas)
primer piso	(M) primeiro piso (primeiros pisos)
quinto piso	(M) quinto piso (quintos pisos)
chimenea	(F) cheminea (chemineas)
ventilador	(M) ventilador (ventiladores)
aire acondicionado	(M) aire acondicionado (aires acondicionados)
cafetera	(F) cafeteira (cafeteiras)
tostadora	(F) torradora (torradoras)
aspiradora	(F) aspiradora (aspiradoras)
secador de pelo	(M) secador (secadores)
hervidor	(M) caldeiro (caldeiros)
lavavajillas	(M) lavalouza (lavalouzas)
estufa	(F) cociña (cociñas)
horno	(M) forno (fornos)
microondas	(M) microondas (microondas)
nevera	(M) frigorífico (frigoríficos)
lavadora	(F) lavadora (lavadoras)
calefacción	(F) calefacción (calefaccións)
control remoto	(M) mando a distancia (mandos a distancia)
esponja	(F) esponxa (esponxas)
cuchara de madera	(F) culler de madeira (culleres de madeira)
palillo	(M) palillo (palillos)

cubiertos	(M) cubertos (cubertos)
cuchara	(F) culler (culleres)
tenedor	(M) garfo (garfos)
cucharón	(M) cazo (cazos)
olla	(F) pota (potas)
sartén	(F) tixola (tixolas)
bombilla	(F) lámpada (lámpadas)
despertador	(M) espertador (espertadores)
caja fuerte	(F) caixa forte (caixas fortes)
estante para libros	(F) libraría (librarías)
cortina	(F) cortina (cortinas)
colchón	(M) colchón (colchóns)
almohada	(F) almofada (almofadas)
manta	(F) manta (mantas)
estante	(M) estante (estantes)
cajón	(M) caixón (caixóns)
armario	(M) roupeiro (roupeiros)
balde	(M) balde (baldes)
escoba	(F) vasoira (vasoiras)
jabón en polvo	(M) deterxente (deterxentes)
báscula	(F) báscula (básculas)
cesta de la ropa	(F) cesta da coada (cestas da coada)
bañera	(F) bañeira (bañeiras)
toalla de baño	(F) toalla de baño (toallas de baño)
jabón	(M) xabón (xabóns)

papel higiénico	(M) papel hixiénico (papeis hixiénicos)
toalla	(F) toalla (toallas)
lavabo	(M) lavabo (lavabos)
taburete	(F) banqueta (banquetas)
interruptor de la luz	(M) interruptor (interruptores)
calendario	(M) calendario (calendarios)
toma de corriente	(M) enchufe (enchufes)
alfombra	(F) alfombra (alfombras)
sierra	(F) serra (serras)
hacha	(M) machado (machados)
escalera (de mano)	(F) escada (escadas)
manguera	(F) mangueira (mangueiras)
pala	(F) pa (pas)
cobertizo	(M) pendello (pendellos)
estanque	(M) estanque (estanques)
buzón	(F) caixa do correo (caixas do correo)
valla	(M) valado (valados)
tumbona	(F) tumbona (tumbonas)
helado	(M) xeado (xeados)
crema (comida)	(F) nata (natas)
mantequilla	(F) manteiga (manteigas)
yogur	(M) iogur (iogures)
espina de pescado	(F) espiña (espiñas)
atún	(M) atún (atúns)
salmón	(M) salmón (salmóns)

carne magra	(F) **carne magra** (carnes magras)
grasa de la carne	(F) **carne graxa** (carnes graxas)
jamón	(M) **xamón** (xamóns)
salami	(M) **salame** (salames)
tocino	(M) **touciño** (touciños)
bistec	(M) **bisté** (bistés)
salchicha	(F) **salchicha** (salchichas)
pavo	(M) **pavo** (pavos)
pollo (comida)	(M) **polo** (polos)
carne de res	(F) **vaca** (vacas)
cerdo (comida)	(M) **porco** (porcos)
cordero	(M) **cordeiro** (cordeiros)
calabaza	(F) **cabaza** (cabazas)
seta	(M) **cogomelo** (cogomelos)
trufa	(F) **trufa** (trufas)
ajo	(M) **allo** (allos)
puerro	(M) **porro** (porros)
jengibre	(M) **xenxibre** (xenxibres)
berenjena	(F) **berenxena** (berenxenas)
batata	(F) **pataca doce** (patacas doces)
zanahoria	(F) **cenoria** (cenorias)
pepino	(M) **cogombro** (cogombros)
chile	(M) **pemento picante** (pementos picantes)
pimiento	(M) **pemento** (pementos)
cebolla	(F) **cebola** (cebolas)

patata	(F) pataca (patacas)
coliflor	(F) coliflor (coliflores)
repollo	(M) repolo (repolos)
brócoli	(M) brócoli (brócolis)
lechuga	(F) leituga (leitugas)
espinacas	(F) espinaca (espinacas)
bambú (comida)	(M) bambú (bambús)
maíz	(M) millo (millos)
apio	(M) apio (apios)
guisante	(M) chícharo (chícharos)
frijol	(F) faba (fabas)
pera	(F) pera (peras)
manzana	(F) mazá (mazás)
cáscara	(F) casca (cascas)
hueso (fruta)	(F) carabuña (carabuñas)
aceituna	(F) oliva (olivas)
dátil	(M) dátil (dátiles)
higo	(M) figo (figos)
coco	(M) coco (cocos)
almendra	(F) améndoa (améndoas)
avellana	(F) abelá (abelás)
maní	(M) cacahuete (cacahuetes)
plátano	(M) plátano (plátanos)
mango	(F) manga (mangas)
kiwi	(M) kiwi (kiwis)

aguacate	(M) aguacate (aguacates)
piña	(F) piña (piñas)
sandía	(F) sandía (sandías)
uva	(F) uva (uvas)
melón dulce	(M) melón (melóns)
frambuesa	(F) framboesa (framboesas)
arándano	(M) arando (arandos)
fresa	(M) amorodo (amorodos)
cereza	(F) cereixa (cereixas)
ciruela	(F) ameixa (ameixas)
albaricoque	(M) albaricoque (albaricoques)
melocotón	(M) pexego (pexegos)
limón	(M) limón (limóns)
pomelo	(M) pomelo (pomelos)
naranja (comida)	(F) laranxa (laranxas)
tomate	(M) tomate (tomates)
menta	(F) menta (mentas)
citronela	(F) herba limoeira (herbas limoeiras)
canela	(F) canela (canelas)
vainilla	(F) vainilla (vainillas)
sal	(M) sal (sales)
pimienta	(F) pementa (pementas)
curry	(M) curry (currys)
tabaco	(M) tabaco (tabacos)
tofu	(M) tofu (tofu)

vinagre	(M) vinagre (vinagres)
fideo	(M) fideo (fideos)
leche de soja	(M) leite de soia (leites de soia)
harina	(F) fariña (fariñas)
arroz	(M) arroz (arroces)
avena	(F) avea (aveas)
trigo	(M) trigo (trigos)
soja	(F) soia (soias)
nuez	(F) noz (noces)
huevos revueltos	(M) ovos revoltos (ovos revoltos)
gachas de avena	(F) papas (papas)
cereal	(M) cereais (cereais)
miel	(M) mel (meles)
mermelada	(F) marmelada (marmeladas)
goma de mascar	(F) goma de mascar (gomas de mascar)
pastel de manzana	(F) torta de mazá (tortas de mazá)
gofre	(M) gofre (gofres)
panqueque	(F) filloa (filloas)
galleta	(F) galleta (galletas)
pudín	(M) pudin (pudins)
muffin	(F) magdalena (magdalenas)
dona	(F) rosca (roscas)
bebida energética	(F) bebida enerxética (bebidas enerxéticas)
zumo de naranja	(M) zume de laranxa (zumes de laranxa)
zumo de manzana	(M) zume de mazá (zumes de mazá)

batido	(M) batido (batidos)
coca cola	(F) cola (colas)
limonada	(F) limoada (limoadas)
chocolate caliente	(M) chocolate quente (chocolates quentes)
té con leche	(M) té con leite (tés con leite)
té verde	(M) té verde (tés verdes)
té negro	(M) té negro (tés negros)
agua del grifo	(F) auga da billa (augas da billa)
cóctel	(M) cóctel (cócteis)
champán	(F) champaña (champañas)
ron	(M) ron (rons)
whisky	(M) whisky (whiskys)
vodka	(M) vodka (vodkas)
bufé	(M) bufete (bufetes)
propina	(F) propina (propinas)
menú	(M) menú (menús)
mariscos	(M) marisco (mariscos)
bocadillo	(M) entremés (entremeses)
acompañamiento	(F) gornición (gornicións)
espagueti	(M) espaguetes (espaguetes)
pollo asado	(M) polo asado (polos asados)
ensalada de patata	(F) ensalada de pataca (ensaladas de patacas)
mostaza	(F) mostaza (mostazas)
sushi	(M) sushi (sushis)
palomitas de maíz	(M) flocos de millo (flocos de millo)

nachos	(M) nachos (nachos)
patatas fritas (frío)	(F) patacas fritas de bolsa (patacas fritas de bolsa)
patatas fritas (caliente)	(F) patacas fritas (patacas fritas)
alitas de pollo	(F) ás de polo (ás de polo)
mayonesa	(F) maionesa (maionesas)
salsa de tomate	(F) salsa de tomate (salsas de tomate)
sándwich	(M) sándwich (sándwichs)
perrito caliente	(M) bocadillo de salchicha (bocadillos de salchicha)
hamburguesa	(F) hamburguesa (hamburguesas)
reserva (hotel)	(F) reserva (reservas)
hostal	(M) albergue (albergues)
visado	(M) visado (visados)
pasaporte	(M) pasaporte (pasaportes)
diario	(M) diario (diarios)
tarjeta postal	(F) postal (postais)
mochila	(F) mochila (mochilas)
hoguera	(F) fogueira (fogueiras)
saco de dormir	(M) saco de durmir (sacos de durmir)
tienda	(F) tenda de campaña (tendas de campaña)
campamento	(F) acampada (acampadas)
membresía	(F) membresía (membresías)
reserva (restaurante)	(F) reserva (reservas)
dormitorio (hostal)	(M) dormitorio (dormitorios)
habitación doble	(F) habitación dobre (habitacións dobres)
habitación individual	(F) habitación individual (habitacións individuais)

equipaje	(F) equipaxe (equipaxes)
vestíbulo	(M) vestíbulo (vestíbulos)
década	(F) década (décadas)
siglo	(M) século (séculos)
milenio	(M) milenio (milenios)
día de Acción de Gracias	(M) Acción de grazas (Accións de grazas)
Halloween	(M) Samaín (Samaíns)
Ramadán	(M) Ramadán (Ramadáns)
nieto (la nieta)	(M) neto (netos)
hermanos	(M/F) irmáns (irmáns)
suegra	(F) sogra (sogras)
suegro	(M) sogro (sogros)
nieta	(F) neta (netas)
nieto (masculino)	(M) neto (netos)
yerno	(M) xenro (xenros)
nuera	(F) nora (noras)
sobrino	(M) sobriño (sobriños)
sobrina	(F) sobriña (sobriñas)
prima	(F) prima (primas)
primo	(M) primo (primos)
cementerio	(M) cemiterio (cemiterios)
género	(M) xénero (xéneros)
urna	(F) urna (urnas)
huérfano	(M) orfo (orfos)
cadáver	(M) cadáver (cadáveres)

ataúd	(M) cadaleito (cadaleitos)
jubilación	(F) xubilación (xubiláns)
funeral	(M) funeral (funerais)
luna de miel	(F) lúa de mel (lúas de mel)
anillo de bodas	(M) anel de voda (aneis de voda)
mal de amores	(M) namoramento (namoramentos)
formación profesional	(F) formación profesional (formacións profesionais)
escuela secundaria (~15-18)	(F) escola secundaria (escolas secundarias)
escuela secundaria (~11-14)	(F) escola primaria (escolas primarias)
gemelos	(M/F) xemelgos (xemelgos)
escuela primaria	(F) primaria (primarias)
jardín de infancia	(M) preescolar (preescolares)
nacimiento	(M) nacemento (nacementos)
certificado de nacimiento	(M) certificado de nacemento (certificados de nacemento)
freno de mano	(M) freo de man (freos de man)
batería (energía)	(F) batería (baterías)
motor (coche)	(M) motor (motores)
limpiaparabrisas	(M) limpa parabrisas (limpa parabrisas)
GPS	(M) GPS (GPS)
airbag	(M) airbag (airbags)
bocina	(F) bucina (bucinas)
embrague	(M) embrague (embragues)
freno	(M) freo (freos)
acelerador	(M) acelerador (aceleradores)
volante	(M) volante (volantes)

gasolina	(F) gasolina (gasolinas)
diesel	(M) diésel (diéseis)
cinturón de seguridad	(M) cinto de seguridade (cintos de seguridade)
capó	(M) capó (capós)
neumático	(M) pneumático (pneumáticos)
maletero	(M) maleteiro (maleteiros)
vía férrea	(F) vía férrea (vías férreas)
expendedor	(F) máquina expendedora de billetes (máquinas expendedoras de billetes)
taquilla	(M) despacho de billetes (despachos de billetes)
metro (tren subterráneo)	(M) metro (metros)
tren de alta velocidad	(M) tren de alta velocidade (trens de alta velocidade)
locomotora	(F) locomotora (locomotoras)
plataforma	(F) plataforma (plataformas)
tranvía	(M) tranvía (tranvías)
autobús escolar	(M) bus escolar (buses escolares)
microbús	(M) microbús (microbuses)
tarifa	(F) tarifa (tarifas)
horario	(M) horario (horarios)
aeropuerto	(M) aeroporto (aeroportos)
salida	(F) saída (saídas)
llegada	(F) chegada (chegadas)
aduana	(F) aduana (aduanas)
aerolínea	(F) compañía aérea (compañías aéreas)
helicóptero	(M) helicóptero (helicópteros)
mostrador de facturación	(M) mostrador de facturación (mostradores de facturación)

equipaje de mano	(F) equipaxe de man (equipaxes de man)
primera clase	(F) primeira clase (primeiras clases)
clase económica	(F) clase económica (clases económicas)
clase business	(F) clase preferente (clases preferentes)
salida de emergencias	(F) saída de emerxencia (saídas de emerxencia)
pasillo (aeroplano)	(M) corredor (corredores)
ventana (aeroplano)	(F) xanela (xanelas)
fila	(F) fila (filas)
ala	(F) á (ás)
motor (aeroplano)	(F) turbina (turbinas)
cabina	(F) cabina (cabinas)
chaleco salvavidas	(M) chaleco salvavidas (chalecos salvavidas)
contenedor	(M) contedor (contedores)
submarino	(M) submarino (submarinos)
crucero	(M) cruceiro (cruceiros)
buque portacontenedores	(M) buque portacontedores (buques portacontedores)
yate	(M) iate (iates)
transbordador	(M) transbordador (transbordadores)
puerto	(M) porto (portos)
bote salvavidas	(M) bote salvavidas (botes salvavidas)
radar	(M) radar (radares)
ancla	(F) áncora (áncoras)
boya salvavidas	(F) boia salvavidas (boias salvavidas)
luz de la calle	(F) farola (farolas)
acera	(F) beirarrúa (beirarrúas)

gasolinera	(F) gasolineira (gasolineiras)
obra	(F) obras (obras)
límite de velocidad	(M) límite de velocidade (límites de velocidade)
paso de peatones	(M) paso de peóns (pasos de peóns)
calle de dirección única	(F) rúa de sentido único (rúas de sentido único)
peaje	(F) peaxe (peaxes)
intersección	(M) cruce (cruces)
atasco	(M) atasco (atascos)
autopista	(F) autoestrada (autoestradas)
tanque	(M) tanque (tanques)
apisonadora	(F) aplanadora (aplanadoras)
excavadora	(F) escavadora (escavadoras)
tractor	(M) tractor (tractores)
bomba de aire	(M) inflador (infladores)
cadena	(F) cadea (cadeas)
gato (coche)	(M) gato (gatos)
remolque	(M) remolque (remolques)
moto	(M) scooter (scooters)
teleférico	(M) teleférico (teleféricos)
guitarra	(F) guitarra (guitarras)
batería (música)	(F) batería (baterías)
teclado (música)	(M) teclado (teclados)
trompeta	(F) trompeta (trompetas)
piano	(M) piano (pianos)
saxofón	(M) saxofón (saxofóns)

violín	(M) violín (violíns)
concierto	(M) concerto (concertos)
nota (música)	(F) nota musical (notas musicais)
ópera	(F) ópera (óperas)
orquesta	(F) orquestra (orquestras)
rap	(M) rap (rap)
música clásica	(F) música clásica (músicas clásicas)
música folklórica	(F) música folclórica (músicas folclóricas)
rock	(M) rock (rock)
música pop	(M) pop (pop)
jazz	(M) jazz (jazz)
teatro	(M) teatro (teatros)
pincel	(M) pincel (pinceis)
samba	(F) samba (sambas)
rock and roll	(M) rock and roll (rock and roll)
vals vienés	(M) valse vienés (valses vieneses)
tango	(M) tango (tangos)
salsa	(F) salsa (salsas)
alfabeto	(M) alfabeto (alfabetos)
novela	(F) novela (novelas)
texto	(M) texto (textos)
título	(M) título (títulos)
carácter	(M) carácter (caracteres)
letra	(F) letra (letras)
contenido	(M) contido (contidos)

álbum de fotos	(M) álbum de fotos (álbums de fotos)
cómic	(M) cómic (cómics)
campo deportivo	(F) cancha (canchas)
diccionario	(M) dicionario (dicionarios)
semestre	(M) trimestre (trimestres)
cuaderno	(F) libreta (libretas)
pizarra	(M) encerado (encerados)
mochila escolar	(F) mochila (mochilas)
uniforme escolar	(M) uniforme escolar (uniformes escolares)
geometría	(F) xeometría (xeometrías)
política	(F) ciencias políticas (ciencias políticas)
filosofía	(F) filosofía (filosofías)
economía	(F) economía (economías)
educación física	(F) educación física (educacións físicas)
biología	(F) bioloxía (bioloxías)
matemáticas	(F) matemáticas (matemáticas)
geografía	(F) xeografía (xeografías)
literatura	(F) literatura (literaturas)
árabe	(M) árabe (árabes)
alemán	(M) alemán (alemáns)
japonés	(M) xaponés (xaponeses)
mandarín	(M) mandarín (mandaríns)
español	(M) castelán (casteláns)
química	(F) química (químicas)
física	(F) física (físicas)

regla	(F) **regra** (regras)
goma de borrar	(F) **goma de borrar** (gomas de borrar)
tijeras	(F) **tesoiras** (tesoiras)
cinta adhesiva	(F) **cinta adhesiva** (cintas adhesivas)
pegamento	(M) **pegamento** (pegamentos)
bolígrafo	(M) **bolígrafo** (bolígrafos)
clip de papel	(M) **clip** (clips)
100%	**cen por cento**
0%	**cero por cento**
metro cúbico	(M) **metro cúbico** (metros cúbicos)
metro cuadrado	(M) **metro cadrado** (metros cadrados)
milla	(F) **milla** (millas)
metro (100 centímetro)	(M) **metro** (metros)
decímetro	(M) **decímetro** (decímetros)
centímetro	(M) **centímetro** (centímetros)
milímetro	(M) **milímetro** (milímetros)
suma	(F) **suma** (sumas)
resta	(F) **resta** (restas)
multiplicación	(F) **multiplicación** (multiplicacións)
división	(F) **división** (divisións)
fracción	(F) **fracción** (fraccións)
esfera	(F) **esfera** (esferas)
ancho (nombre)	(F) **anchura** (anchuras)
altura	(F) **altura** (alturas)
volumen	(M) **volume** (volumes)

curva	(F) curva (curvas)
ángulo	(M) ángulo (ángulos)
línea recta	(F) liña recta (liñas rectas)
pirámide	(F) pirámide (pirámides)
cubo (geometría)	(M) cubo (cubos)
rectángulo	(M) rectángulo (rectángulos)
triángulo	(M) triángulo (triángulos)
radio (geometría)	(M) radio (radios)
vatio	(M) watt (watts)
amperio	(M) ampere (amperes)
voltio	(M) volt (volts)
fuerza	(F) forza (forzas)
litro	(M) litro (litros)
mililitro	(M) mililitro (mililitros)
tonelada	(F) tonelada (toneladas)
kilogramo	(M) quilogramo (quilogramos)
gramo	(M) gramo (gramos)
imán	(M) imán (imáns)
microscopio	(M) microscopio (microscopios)
embudo	(M) funil (funís)
laboratorio	(M) laboratorio (laboratorios)
cantina	(F) cantina (cantinas)
clase	(F) conferencia (conferencias)
beca	(F) beca (becas)
diploma	(M) diploma (diplomas)

sala de clases	(M) auditorio (auditorios)
3.4	tres coma catro
tres elevado a cinco	tres á quinta potencia
4 / 2	catro entre dous
1 + 1 = 2	un máis un igual a dous
punto final	(M) punto (puntos)
6^3	seis ao cubo
4^2	catro ao cadrado
contact@pinhok.com	contact arroba pinhok punto com
&	e
/	(F) barra (barras)
()	(M) paréntese (parénteses)
punto y coma	(M) punto e coma (puntos e coma)
coma	(F) coma (comas)
dos puntos	(M) dous puntos (dous puntos)
www.pinhok.com	tres uves dobres punto pinhok punto com
guión bajo	(M) guión baixo (guións baixos)
guión	(M) guión (guións)
3 - 2	tres menos dous
apóstrofe	(M) apóstrofe (apóstrofes)
2 x 3	dous por tres
1 + 2	un máis dous
signo de exclamación	(F) exclamación (exclamacións)
signo de interrogación	(F) interrogación (interrogacións)
espacio	(M) espazo (espazos)

suelo (agricultura)	(F) terra (terras)
lava	(F) lava (lavas)
carbón	(M) carbón (carbóns)
arena	(F) area (areas)
arcilla	(F) arxila (arxilas)
cohete	(M) foguete (foguetes)
satélite	(M) satélite (satélites)
galaxia	(F) galaxia (galaxias)
asteroide	(M) asteroide (asteroides)
continente	(M) continente (continentes)
ecuador	(M) ecuador (ecuadores)
Polo Sur	(M) polo sur (polos sur)
Polo norte	(M) polo norte (polos norte)
corriente	(F) corrente (correntes)
selva	(F) selva tropical (selvas tropicais)
cueva	(F) cova (covas)
cascada	(F) fervenza (fervenzas)
orilla	(F) beira (beiras)
glaciar	(M) glaciar (glaciares)
terremoto	(M) terremoto (terremotos)
cráter	(M) cráter (cráteres)
volcán	(M) volcán (volcáns)
cañón	(M) canón (canóns)
atmósfera	(F) atmosfera (atmosferas)
polo	(M) polo (polos)

1651 - 1675

12 °C	doce graos
0 °C	cero graos
-2 °C	menos dous graos
Fahrenheit	(M) **Fahrenheit** (Fahrenheit)
centígrado	(M) **centígrado** (centígrados)
tornado	(M) **tornado** (tornados)
inundación	(F) **inundación** (inundacións)
niebla	(F) **néboa** (néboas)
arco iris	(M) **arco da vella** (arcos da vella)
trueno	(M) **trono** (tronos)
relámpago	(M) **lóstrego** (lóstregos)
tormenta	(F) **treboada** (treboadas)
temperatura	(F) **temperatura** (temperaturas)
tifón	(M) **tifón** (tifóns)
huracán	(M) **furacán** (furacáns)
nube	(F) **nube** (nubes)
sol (rayos)	(F) **luz solar** (luces solares)
bambú (planta)	(M) **bambú** (bambús)
palma	(F) **palmeira** (palmeiras)
rama	(F) **rama** (ramas)
hoja	(F) **folla** (follas)
raíz	(F) **raíz** (raíces)
tronco	(M) **tronco** (troncos)
cactus	(M) **cacto** (cactos)
girasol	(M) **xirasol** (xirasois)

semilla	(F) **semente** (sementes)
floración	(M) **florecer** (floreceres)
tallo	(M) **talo** (talos)
plástico	(M) **plástico** (plásticos)
dióxido de carbono	(M) **dióxido de carbono** (dióxidos de carbono)
sólido	(M) **sólido** (sólidos)
fluido	(M) **fluído** (fluídos)
átomo	(M) **átomo** (átomos)
hierro	(M) **ferro** (ferros)
oxígeno	(M) **osíxeno** (osíxenos)
chanclas	(F) **chanclas** (chanclas)
zapatos de cuero	(M) **zapato de coiro** (zapatos de coiro)
tacones altos	(M) **zapato de tacón** (zapatos de tacón)
zapatillas deportivas	(M) **tenis** (tenis)
impermeable	(F) **gabardina** (gabardinas)
vaqueros	(M) **vaqueiros** (vaqueiros)
falda	(F) **saia** (saias)
pantalones cortos	(M) **pantalón curto** (pantalóns curtos)
medias	(F) **medias enteiras** (medias enteiras)
tanga	(M) **tanga** (tangas)
bragas	(F) **braga** (bragas)
corona	(F) **coroa** (coroas)
tatuaje	(F) **tatuaxe** (tatuaxes)
gafas de sol	(F) **lentes de sol** (lentes de sol)
paraguas	(M) **paraugas** (paraugas)

pendiente	(M) **pendente** (pendentes)
collar	(M) **colar** (colares)
gorra	(F) **gorra** (gorras)
cinturón	(M) **cinto** (cintos)
corbata	(F) **gravata** (gravatas)
gorro de lana	(M) **gorro de punto** (gorros de punto)
bufanda	(F) **bufanda** (bufandas)
guante	(F) **luva** (luvas)
traje de baño	(M) **traxe de baño** (traxes de baño)
bikini	(M) **bikini** (bikinis)
bañador	(M) **bañador** (bañadores)
gafas de natación	(F) **lentes de natación** (lentes de natación)
pasador	(M) **pasador** (pasadores)
moreno	moreno
rubio	loiro
calvicie	(M) **calvo** (calvos)
liso	liso
rizado	rizo
botón	(M) **botón** (botóns)
cremallera	(F) **cremalleira** (cremalleiras)
manga	(F) **manga** (mangas)
cuello (textil)	(M) **cuello** (cuellos)
poliéster	(M) **poliéster** (poliésteres)
seda	(F) **seda** (sedas)
algodón	(M) **algodón** (algodóns)

lana	(F) la (las)
vestuario	(M) probador (probadores)
mascarilla	(F) máscara facial (máscaras faciais)
perfume	(M) perfume (perfumes)
tampón	(M) tampón (tampóns)
tijeras para las uñas	(F) tesoiras para uñas (tesoiras para uñas)
cortauñas	(M) cortaúñas (cortaúñas)
gel para el cabello	(M) xel para o cabelo (xeles para o cabelo)
gel de ducha	(M) xel de ducha (xeles de ducha)
condón	(M) condón (condóns)
rasuradora	(F) máquina de afeitar (máquinas de afeitar)
maquinilla de afeitar	(F) navalla (navallas)
protector solar	(F) crema solar (cremas solares)
crema facial	(F) crema facial (cremas faciais)
cepillo	(M) cepillo (cepillos)
esmalte para las uñas	(M) esmalte de unllas (esmaltes de unllas)
brillo de labios	(M) brillo de labios (brillos de labios)
lima de uñas	(F) lima de unllas (limas de unllas)
maquillaje	(F) base de maquillaxe (bases de maquillaxe)
rimel	(F) máscara de pestanas (máscaras de pestanas)
sombra de ojos	(F) sombra de ollos (sombras de ollos)
garantía	(F) garantía (garantías)
ganga	(F) bicoca (bicocas)
caja registradora	(F) caixa (caixas)
cesta	(F) cesta (cestas)

centro comercial	(M) centro comercial (centros comerciais)
farmacia	(F) farmacia (farmacias)
rascacielos	(M) rañaceos (rañaceos)
castillo	(M) castelo (castelos)
embajada	(F) embaixada (embaixadas)
sinagoga	(F) sinagoga (sinagogas)
templo	(M) templo (templos)
fábrica	(F) fábrica (fábricas)
mezquita	(F) mesquita (mesquitas)
ayuntamiento	(M) concello (concellos)
oficina de correos	(F) oficina de correos (oficinas de correos)
fuente	(F) fonte (fontes)
discoteca	(M) club nocturno (clubs nocturnos)
banco	(M) banco (bancos)
campo de golf	(M) campo de golf (campos de golf)
estadio de fútbol	(M) estadio de fútbol (estadios de fútbol)
piscina (edificio)	(F) piscina (piscinas)
pista de tenis	(F) pista de tenis (pistas de tenis)
información turística	(F) información turística (informacións turísticas)
casino	(M) casino (casinos)
galería de arte	(F) galería de arte (galerías de arte)
museo	(M) museo (museos)
parque nacional	(M) parque nacional (parques nacionais)
guía turística	(M) guía turístico (guías turísticos)
recuerdo	(M) recordo (recordos)

callejón	(F) **rúa estreita** (rúas estreitas)
presa	(M) **encoro** (encoros)
acero	(M) **aceiro** (aceiros)
grúa	(M) **guindastre** (guindastres)
hormigón	(M) **formigón** (formigóns)
andamio	(M) **andamio** (andamios)
ladrillo	(M) **ladrillo** (ladrillos)
pintura (edificio)	(F) **pintura** (pinturas)
clavo	(M) **cravo** (cravos)
destornillador	(M) **desaparafusador** (desaparafusadores)
cinta métrica	(F) **cinta métrica** (cintas métricas)
pinzas	(F) **tenaces** (tenaces)
martillo	(M) **martelo** (martelos)
taladro	(M) **trade** (trades)
acuario	(M) **acuario** (acuarios)
tobogán de agua	(M) **tobogán acuático** (tobogáns acuáticos)
montaña rusa	(F) **montaña rusa** (montañas rusas)
parque acuático	(M) **parque acuático** (parques acuáticos)
zoológico	(M) **zoo** (zoos)
patio de recreo	(M) **parque infantil** (parques infantís)
tobogán	(M) **tobogán** (tobogáns)
columpio	(M) **bambán** (bambáns)
cajón de arena	(F) **caixa de area** (caixas de area)
casco	(M) **casco** (cascos)
uniforme	(M) **uniforme** (uniformes)

incendio	(M) **lume** (lumes)
salida de emergencia	(F) **saída de emerxencia** (saídas de emerxencia)
alarma de incendios	(F) **alarma de incendios** (alarmas de incendios)
extintor de incendios	(M) **extintor** (extintores)
comisaría de policía	(F) **comisaría** (comisarías)
estado	(M) **estado** (estados)
región	(F) **rexión** (rexións)
capital	(F) **capital** (capitais)
visitante	(M/F) **visitante** (visitantes)
sala de emergencia	(F) **urxencias** (urxencias)
cuidados intensivos	(F) **unidade de coidados intensivos** (unidades de coidados intensivos)
paciente externo	(M) **ambulatorio** (ambulatorios)
sala de espera	(F) **sala de espera** (salas de espera)
aspirina	(F) **aspirina** (aspirinas)
somnífero	(F) **pílula para durmir** (pílulas para durmir)
fecha de caducidad	(F) **data de caducidade** (datas de caducidade)
dosis	(F) **dosificación** (dosificacións)
jarabe para la tos	(M) **xarope para a tose** (xaropes para a tose)
efecto secundario	(M) **efecto secundario** (efectos secundarios)
insulina	(F) **insulina** (insulinas)
polvo	(M) **po** (pos)
cápsula	(F) **cápsula** (cápsulas)
vitamina	(F) **vitamina** (vitaminas)
infusión	(F) **bolsa de soro** (bolsas de soro)
analgésico	(M) **analxésico** (analxésicos)

antibióticos	(M) antibiótico (antibióticos)
inhalador	(M) inhalador (inhaladores)
bacteria	(F) bacteria (bacterias)
virus	(M) virus (virus)
infarto	(M) infarto (infartos)
diarrea	(F) diarrea (diarreas)
diabetes	(F) diabetes (diabetes)
derrame	(M) derrame cerebral (derrames cerebrais)
asma	(F) asma (asmas)
cáncer	(M) cáncer (cánceres)
náusea	(F) náusea (náuseas)
gripe	(F) gripe (gripes)
dolor de muelas	(F) dor de dentes (dores de dentes)
quemadura de sol	(F) queimadura solar (queimaduras solares)
envenenamiento	(M) envelenamento (envelenamentos)
dolor de garganta	(F) dor de gorxa (dores de gorxa)
fiebre de heno	(F) rinite alérxica (rinites alérxica)
dolor de estómago	(F) dor de estómago (dores de estómago)
infección	(F) infección (infeccións)
alergia	(F) alerxia (alerxias)
calambre	(F) cambra (cambras)
hemorragia nasal	(F) hemorraxia nasal (hemorraxias nasais)
dolor de cabeza	(F) dor de cabeza (dores de cabeza)
aerosol	(M) spray (sprays)
jeringa	(F) xiringa (xiringas)

aguja	(F) **agulla** (agullas)
ortodoncia	(M) **brácket** (bráckets)
muleta	(F) **muleta** (muletas)
fotografía de rayos X	(F) **radiografía** (radiografías)
dispositivo ultrasónico	(F) **máquina de ultrasóns** (máquinas de ultrasóns)
yeso	(F) **banda** (bandas)
vendaje	(F) **vendaxe** (vendaxes)
silla de ruedas	(F) **cadeira de rodas** (cadeiras de rodas)
análisis de sangre	(F) **análise de sangue** (análises de sangue)
escayola	(F) **escaiola** (escaiolas)
termómetro para la fiebre	(M) **termómetro** (termómetros)
pulso	(M) **pulso** (pulsos)
lesión	(F) **lesión** (lesións)
emergencia	(F) **emerxencia** (emerxencias)
conmoción cerebral	(F) **concusión** (concusións)
sutura	(F) **sutura** (suturas)
quemadura	(F) **queimadura** (queimaduras)
fractura	(F) **fractura** (fracturas)
meditación	(F) **meditación** (meditacións)
masaje	(F) **masaxe** (masaxes)
píldora anticonceptiva	(F) **pílula anticonceptiva** (pílulas anticonceptivas)
prueba del embarazo	(F) **proba de embarazo** (probas de embarazo)
impuesto	(M) **imposto** (impostos)
sala de reuniones	(F) **sala de xuntas** (salas de xuntas)
tarjeta de negocios	(F) **tarxeta de presentación** (tarxetas de presentación)

informática	(F) tecnoloxías da información (tecnoloxías da información)
recursos humanos	(M) recursos humanos (recursos humanos)
departamento legal	(M) departamento legal (departamentos legais)
contabilidad	(F) contabilidade (contabilidades)
marketing	(F) mercadotecnia (mercadotecnias)
ventas	(F) vendas (vendas)
compañero	(M) compañeiro (compañeiros)
empleador	(M) empregador (empregadores)
empleado	(M) empregado (empregados)
nota (información)	(M) apuntamentos (apuntamentos)
presentación	(F) presentación (presentacións)
carpeta (documento)	(M) cartafol (cartafoles)
sello de goma	(M) selo de goma (selos de goma)
proyector	(M) proxector (proxectores)
mensaje de texto	(F) mensaxe de texto (mensaxes de texto)
paquete (correo)	(M) paquete (paquetes)
sello	(M) selo (selos)
sobre	(M) sobre (sobres)
primer ministro	(M) primeiro ministro (primeiros ministros)
farmacéutico	(M) farmacéutico (farmacéuticos)
bombero	(M) bombeiro (bombeiros)
dentista	(M/F) dentista (dentistas)
empresario	(M) empresario (empresarios)
político	(M) político (políticos)
programador	(M) programador (programadores)

1901 - 1925

azafata	(F) **azafata** (azafatas)
científico	(M) **científico** (científicos)
maestra de guardería	(F) **mestra de preescolar** (mestras de preescolar)
arquitecto	(M) **arquitecto** (arquitectos)
contador	(M) **contable** (contables)
consultor	(M) **consultor** (consultores)
fiscal	(M) **fiscal** (fiscais)
director general	(M) **director xeral** (directores xerais)
guardaespaldas	(M/F) **gardacostas** (gardacostas)
propietario	(M) **propietario** (propietarios)
conductor	(M/F) **maquinista** (maquinistas)
camarero	(M) **camareiro** (camareiros)
guardia de seguridad	(M/F) **garda de seguridade** (gardas de seguridade)
soldado	(M) **soldado** (soldados)
pescador	(M) **pescador** (pescadores)
limpiador	(M) **limpador** (limpadores)
fontanero	(M) **fontaneiro** (fontaneiros)
electricista	(M/F) **electricista** (electricistas)
agricultor	(M) **granxeiro** (granxeiros)
recepcionista	(M/F) **recepcionista** (recepcionistas)
cartero	(M) **carteiro** (carteiros)
cajero	(M) **caixeiro** (caixeiros)
peluquero	(M) **peiteador** (peiteadores)
autor	(M) **autor** (autores)
periodista	(M/F) **xornalista** (xornalistas)

fotógrafo	(M) **fotógrafo** (fotógrafos)
ladrón	(M) **ladrón** (ladróns)
socorrista	(M/F) **socorrista** (socorristas)
cantante	(M/F) **cantante** (cantantes)
músico	(M) **músico** (músicos)
actor	(M) **actor** (actores)
reportero	(M) **reporteiro** (reporteiros)
entrenador	(M) **adestrador** (adestradores)
árbitro	(M) **árbitro** (árbitros)
carpeta (computador)	(M) **cartafol** (cartafois)
navegador	(M) **navegador** (navegadores)
red	(F) **rede** (redes)
smartphone	(M) **teléfono intelixente** (teléfonos intelixentes)
auricular	(M) **auricular** (auriculares)
ratón (computador)	(M) **rato** (ratos)
teclado (computador)	(M) **teclado** (teclados)
disco duro	(M) **disco duro** (discos duros)
unidad flash USB	(F) **memoria USB** (memorias USB)
escáner	(M) **escáner** (escáneres)
impresora	(F) **impresora** (impresoras)
pantalla (computador)	(F) **pantalla** (pantallas)
portátil	(M) **portátil** (portátiles)
huella dactilar	(F) **pegada dixital** (pegadas dixitais)
sospechoso	(M) **sospeitoso** (sospeitosos)
acusado	(M) **imputado** (imputados)

inversión	(F) **inversión** (inversións)
bolsa (acción)	(F) **bolsa** (bolsas)
acción	(F) **acción** (accións)
dividendo	(M) **dividendo** (dividendos)
libra	(F) **libra** (libras)
euro	(M) **euro** (euros)
yen	(M) **ien** (iens)
yuan	(M) **iuan** (iuans)
dólar	(M) **dólar** (dólares)
billete	(M) **billete** (billetes)
moneda	(F) **moeda** (moedas)
interés	(M) **interés** (intereses)
préstamo	(M) **préstamo** (préstamos)
número de cuenta	(M) **número de conta** (números de conta)
cuenta bancaria	(F) **conta bancaria** (contas bancarias)
récord mundial	(M) **récord mundial** (récords mundiais)
cronógrafo	(M) **cronómetro** (cronómetros)
medalla	(F) **medalla** (medallas)
copa	(F) **copa** (copas)
robot	(M) **robot** (robots)
cable	(M) **cable** (cables)
enchufe	(M) **enchufe** (enchufes)
altavoces	(M) **altofalante** (altofalantes)
florero	(M) **xarrón** (xarróns)
encendedor	(M) **chisqueiro** (chisqueiros)

paquete (comida)	(M) paquete (paquetes)
lata	(F) lata (latas)
cantimplora	(F) botella de auga (botellas de auga)
vela	(F) candea (candeas)
linterna	(F) lanterna (lanternas)
cigarrillo	(M) cigarro (cigarros)
puro	(M) puro (puros)
brújula	(M) compás (compases)
corredor de valores	(M) corredor de bolsa (corredores de bolsa)
barman	(M) taberneiro (taberneiros)
jardinero	(M) xardineiro (xardineiros)
mecánico	(M) mecánico (mecánicos)
carpintero	(M) carpinteiro (carpinteiros)
carnicero	(M) carniceiro (carniceiros)
sacerdote	(M) sacerdote (sacerdotes)
monje	(M) monxe (monxes)
monja	(F) monxa (monxas)
bailarín	(M) bailarín (bailaríns)
director (cine)	(M) director (directores)
cámara (trabajo)	(M) operador de cámara (operadores de cámara)
partera	(F) matrona (matronas)
camionero	(M) camioneiro (camioneiros)
sastre	(M) xastre (xastres)
bibliotecario	(M) bibliotecario (bibliotecarios)
veterinario	(M) veterinario (veterinarios)